MW01517303

Yorkshire Terriers

BrownTrout Publishers, Inc.

The Calendar Company

BrownTrout.com
facebook.com/browntroutpublishers
@browntroutpub

USA–World Headquarters
BrownTrout Publishers, Inc.
201 Continental Blvd., Suite 200
El Segundo, CA 90245 USA
(1) 310 607 9010
Toll Free: 800 777 7812
Sales@BrownTrout.com

Canada
BrownTrout Publishers, Ltd.
55 Cork Street East, Suite 300
Guelph ON N1H 2W7, Canada
(1) 519 821 8882
Canada Toll Free: 1 888 254 5842
Sales@BrownTrout.ca

Mexico
Editorial SalmoTruti, SA de CV
Hegel 153 Int. 903, Colonia Polanco
Del. Miguel Hidalgo, 11560 Mexico D.F.
Mexico
(52-55) 5545 0492
Mexico Toll Free: 01 800 716 7420
Ventas@SalmoTruti.com.mx

United Kingdom
BrownTrout Publishers Ltd.
Redland Office Centre, 157 Redland Rd.
Bristol, BS6 6YE, United Kingdom
(44) 117 317 1880
UK Freephone: 0800 169 3718
Sales@BrownTroutUK.com

Australia and New Zealand
BrownTrout Publishers Pty. Ltd.
477 Lygon Street
Brunswick East VIC 3057, Australia
(61) 3 9384 7100
Australia Toll Free: 1 800 111 882
New Zealand Toll Free: 0 800 888 112
Sales@BrownTrout.com.au

BrownTrout
Earth Friendly

All times shown are in Universal Time (UT), which approximates Greenwich Mean Time (GMT). Adjusting the UT
to the reader's time zone may change the calendar dates of certain lunar events. Events can differ from dates
shown due to regional or sectarian observances. Publisher shall not be responsible or liable for any reliance
on the displayed event dates. For additional calendar events, visit BrownTrout.com. No portion of this calendar
may be reproduced, digitized, or copied in any form without prior written permission from the publisher.

JANUARY 2014		FEBRUARY 2014		MARCH 2014		APRIL 2014	
1	WED	**1**	**SAT**	**1**	**SAT**	1	TUE
2	THU	**2**	**SUN**	**2**	**SUN**	2	WED
3	FRI	3	MON	3	MON	3	THU
4	**SAT**	4	TUE	4	TUE	4	FRI
5	**SUN**	5	WED	5	WED	**5**	**SAT**
6	MON	6	THU	6	THU	**6**	**SUN**
7	TUE	7	FRI	7	FRI	7	MON
8	WED	**8**	**SAT**	**8**	**SAT**	8	TUE
9	THU	**9**	**SUN**	**9**	**SUN**	9	WED
10	FRI	10	MON	10	MON	10	THU
11	**SAT**	11	TUE	11	TUE	11	FRI
12	**SUN**	12	WED	12	WED	**12**	**SAT**
13	MON	13	THU	13	THU	**13**	**SUN**
14	TUE	14	FRI	14	FRI	14	MON
15	WED	**15**	**SAT**	**15**	**SAT**	15	TUE
16	THU	**16**	**SUN**	**16**	**SUN**	16	WED
17	FRI	17	MON	17	MON	17	THU
18	**SAT**	18	TUE	18	TUE	18	FRI
19	**SUN**	19	WED	19	WED	**19**	**SAT**
20	MON	20	THU	20	THU	**20**	**SUN**
21	TUE	21	FRI	21	FRI	21	MON
22	WED	**22**	**SAT**	**22**	**SAT**	22	TUE
23	THU	**23**	**SUN**	**23**	**SUN**	23	WED
24	FRI	24	MON	24	MON	24	THU
25	**SAT**	25	TUE	25	TUE	25	FRI
26	**SUN**	26	WED	26	WED	**26**	**SAT**
27	MON	27	THU	27	THU	**27**	**SUN**
28	TUE	28	FRI	28	FRI	28	MON
29	WED			**29**	**SAT**	29	TUE
30	THU			**30**	**SUN**	30	WED
31	FRI			31	MON		

MAY 2014		JUNE 2014		JULY 2014		AUGUST 2014	
1	THU	**1**	**SUN**	1	TUE	1	FRI
2	FRI	2	MON	2	WED	**2**	**SAT**
3	**SAT**	3	TUE	3	THU	**3**	**SUN**
4	**SUN**	4	WED	4	FRI	4	MON
5	MON	5	THU	**5**	**SAT**	5	TUE
6	TUE	6	FRI	**6**	**SUN**	6	WED
7	WED	**7**	**SAT**	7	MON	7	THU
8	THU	**8**	**SUN**	8	TUE	8	FRI
9	FRI	9	MON	9	WED	**9**	**SAT**
10	**SAT**	10	TUE	10	THU	**10**	**SUN**
11	**SUN**	11	WED	11	FRI	11	MON
12	MON	12	THU	**12**	**SAT**	12	TUE
13	TUE	13	FRI	**13**	**SUN**	13	WED
14	WED	**14**	**SAT**	14	MON	14	THU
15	THU	**15**	**SUN**	15	TUE	15	FRI
16	FRI	16	MON	16	WED	**16**	**SAT**
17	**SAT**	17	TUE	17	THU	**17**	**SUN**
18	**SUN**	18	WED	18	FRI	18	MON
19	MON	19	THU	**19**	**SAT**	19	TUE
20	TUE	20	FRI	**20**	**SUN**	20	WED
21	WED	**21**	**SAT**	21	MON	21	THU
22	THU	**22**	**SUN**	22	TUE	22	FRI
23	FRI	23	MON	23	WED	**23**	**SAT**
24	**SAT**	24	TUE	24	THU	**24**	**SUN**
25	**SUN**	25	WED	25	FRI	25	MON
26	MON	26	THU	**26**	**SAT**	26	TUE
27	TUE	27	FRI	**27**	**SUN**	27	WED
28	WED	**28**	**SAT**	28	MON	28	THU
29	THU	**29**	**SUN**	29	TUE	29	FRI
30	FRI	30	MON	30	WED	**30**	**SAT**
31	**SAT**			31	THU	**31**	**SUN**

SEPTEMBER 2014	OCTOBER 2014	NOVEMBER 2014	DECEMBER 2014
1 MON	1 WED	**1 SAT**	1 MON
2 TUE	2 THU	**2 SUN**	2 TUE
3 WED	3 FRI	3 MON	3 WED
4 THU	**4 SAT**	4 TUE	4 THU
5 FRI	**5 SUN**	5 WED	5 FRI
6 SAT	6 MON	6 THU	**6 SAT**
7 SUN	7 TUE	7 FRI	**7 SUN**
8 MON	8 WED	**8 SAT**	8 MON
9 TUE	9 THU	**9 SUN**	9 TUE
10 WED	10 FRI	10 MON	10 WED
11 THU	**11 SAT**	11 TUE	11 THU
12 FRI	**12 SUN**	12 WED	12 FRI
13 SAT	13 MON	13 THU	**13 SAT**
14 SUN	14 TUE	14 FRI	**14 SUN**
15 MON	15 WED	**15 SAT**	15 MON
16 TUE	16 THU	**16 SUN**	16 TUE
17 WED	17 FRI	17 MON	17 WED
18 THU	**18 SAT**	18 TUE	18 THU
19 FRI	**19 SUN**	19 WED	19 FRI
20 SAT	20 MON	20 THU	**20 SAT**
21 SUN	21 TUE	21 FRI	**21 SUN**
22 MON	22 WED	**22 SAT**	22 MON
23 TUE	23 THU	**23 SUN**	23 TUE
24 WED	24 FRI	24 MON	24 WED
25 THU	**25 SAT**	25 TUE	25 THU
26 FRI	**26 SUN**	26 WED	26 FRI
27 SAT	27 MON	27 THU	**27 SAT**
28 SUN	28 TUE	28 FRI	**28 SUN**
29 MON	29 WED	**29 SAT**	29 MON
30 TUE	30 THU	**30 SUN**	30 TUE
	31 FRI		31 WED

DECEMBER 2013 DÉCEMBRE | DICIEMBRE

29
SUNDAY
dim | dom

30
MONDAY
lun | lun

31
TUESDAY
mar | mar

New Year's Eve

JANUARY 2014 JANVIER | ENERO

New Moon ● 11:14 U.T.

1
WEDNESDAY
mer | miér

New Year's Day

2
THURSDAY
jeu | jue

Day after New Year's Day (NZ; SCT)

3
FRIDAY
ven | vier

4
SATURDAY
sam | sáb

WEEK 1

©2013 Daniel Dempster

DECEMBER 2013						
1	2	3	4	5	6	7
8	9	10	11	12	13	14
15	16	17	18	19	20	21
22	23	24	25	26	27	28
29	30	31				

JANUARY 2014						
			1	2	3	4
5	6	7	8	9	10	11
12	13	14	15	16	17	18
19	20	21	22	23	24	25
26	27	28	29	30	31	

FEBRUARY 2014						
						1
2	3	4	5	6	7	8
9	10	11	12	13	14	15
16	17	18	19	20	21	22
23	24	25	26	27	28	

DECEMBER 2013						
1	2	3	4	5	6	7
8	9	10	11	12	13	14
15	16	17	18	19	20	21
22	23	24	25	26	27	28
29	30	31				

JANUARY 2014						
			1	2	3	4
5	6	7	8	9	10	11
12	13	14	15	16	17	18
19	20	21	22	23	24	25
26	27	28	29	30	31	

FEBRUARY 2014						
						1
2	3	4	5	6	7	8
9	10	11	12	13	14	15
16	17	18	19	20	21	22
23	24	25	26	27	28	

5
SUNDAY
dim | dom

6
MONDAY
lun | lun

Epiphany

7
TUESDAY
mar | mar

First Quarter ◐ 3:39 U.T.

8
WEDNESDAY
mer | miér

9
THURSDAY
jeu | jue

10
FRIDAY
ven | vier

11
SATURDAY
sam | sáb

JANUARY 2014 JANVIER | ENERO

12
SUNDAY
dim | dom

....

13
MONDAY
lun | lun

....

14
TUESDAY
mar | mar

....

15
WEDNESDAY
mer | miér

....

Full Moon ○ 4:52 U.T.

16
THURSDAY
jeu | jue

....

17
FRIDAY
ven | vier

....

18
SATURDAY
sam | sáb

....

WEEK 3

DECEMBER 2013								JANUARY 2014								FEBRUARY 2014						
1	2	3	4	5	6	7				1	2	3	4									1
8	9	10	11	12	13	14		5	6	7	8	9	10	11		2	3	4	5	6	7	8
15	16	17	18	19	20	21		12	13	14	15	16	17	18		9	10	11	12	13	14	15
22	23	24	25	26	27	28		19	20	21	22	23	24	25		16	17	18	19	20	21	22
29	30	31						26	27	28	29	30	31			23	24	25	26	27	28	

DECEMBER 2013

1	2	3	4	5	6	7
8	9	10	11	12	13	14
15	16	17	18	19	20	21
22	23	24	25	26	27	28
29	30	31				

JANUARY 2014

			1	2	3	4
5	6	7	8	9	10	11
12	13	14	15	16	17	18
19	20	21	22	23	24	25
26	27	28	29	30	31	

FEBRUARY 2014

						1
2	3	4	5	6	7	8
9	10	11	12	13	14	15
16	17	18	19	20	21	22
23	24	25	26	27	28	

ORY HERE

19
SUNDAY
dim | dom

20
MONDAY
lun | lun

Martin Luther King, Jr. Day (US)

21
TUESDAY
mar | mar

22
WEDNESDAY
mer | miér

23
THURSDAY
jeu | jue

Last Quarter ◑ 5:20 U.T.

24
FRIDAY
ven | vier

25
SATURDAY
sam | sáb

Burns Night (SCT)

JANUARY 2014 JANVIER | ENERO

26
SUNDAY
dim | dom

Australia Day (AU)

27
MONDAY
lun | lun

International Holocaust
Remembrance Day (UN)

Australia Day observed (AU)

28
TUESDAY
mar | mar

29
WEDNESDAY
mer | miér

New Moon ● 21:38 U.T.

30
THURSDAY
jeu | jue

31
FRIDAY
ven | vier

Chinese New Year (Horse)

FEBRUARY 2014 FÉVRIER | FEBRERO

1
SATURDAY
sam | sáb

©2013 Sharon Eide & Elizabeth Flynn

JANUARY 2014						
			1	2	3	4
5	6	7	8	9	10	11
12	13	14	15	16	17	18
19	20	21	22	23	24	25
26	27	28	29	30	31	

FEBRUARY 2014						
						1
2	3	4	5	6	7	8
9	10	11	12	13	14	15
16	17	18	19	20	21	22
23	24	25	26	27	28	

MARCH 2014						
						1
2	3	4	5	6	7	8
9	10	11	12	13	14	15
16	17	18	19	20	21	22
23	24	25	26	27	28	29
30	31					

JANUARY 2014

			1	2	3	4
5	6	7	8	9	10	11
12	13	14	15	16	17	18
19	20	21	22	23	24	25
26	27	28	29	30	31	

FEBRUARY 2014

						1
2	3	4	5	6	7	8
9	10	11	12	13	14	15
16	17	18	19	20	21	22
23	24	25	26	27	28	

MARCH 2014

						1
2	3	4	5	6	7	8
9	10	11	12	13	14	15
16	17	18	19	20	21	22
23	24	25	26	27	28	29
30	31					

2
SUNDAY
dim | dom

Groundhog Day

3
MONDAY
lun | lun

4
TUESDAY
mar | mar

5
WEDNESDAY
mer | miér

Día de la Constitución (MX)

First Quarter ◗ 19:22 U.T.

6
THURSDAY
jeu | jue

Waitangi Day (NZ)

7
FRIDAY
ven | vier

8
SATURDAY
sam | sáb

FEBRUARY 2014 FÉVRIER | FEBRERO

9
SUNDAY
dim | dom

....

10
MONDAY
lun | lun

Family Day (BC–CAN)
....

11
TUESDAY
mar | mar

....

12
WEDNESDAY
mer | miér

Lincoln's Birthday (US)
....

13
THURSDAY
jeu | jue

....

Full Moon ◯ 23:53 U.T.

14
FRIDAY
ven | vier

Valentine's Day
....

15
SATURDAY
sam | sáb

....

WEEK 7

©2013 Mary Fish Arango

JANUARY 2014							FEBRUARY 2014							MARCH 2014						
			1	2	3	4							1							1
5	6	7	8	9	10	11	2	3	4	5	6	7	8	2	3	4	5	6	7	8
12	13	14	15	16	17	18	9	10	11	12	13	14	15	9	10	11	12	13	14	15
19	20	21	22	23	24	25	16	17	18	19	20	21	22	16	17	18	19	20	21	22
26	27	28	29	30	31		23	24	25	26	27	28		23	24	25	26	27	28	29
														30	31					

JANUARY 2014

				1	2	3	4
5	6	7	8	9	10	11
12	13	14	15	16	17	18
19	20	21	22	23	24	25
26	27	28	29	30	31

FEBRUARY 2014

						1
2	3	4	5	6	7	8
9	10	11	12	13	14	15
16	17	18	19	20	21	22
23	24	25	26	27	28

MARCH 2014

						1
2	3	4	5	6	7	8
9	10	11	12	13	14	15
16	17	18	19	20	21	22
23	24	25	26	27	28	29
30	31

16
SUNDAY
dim | dom

17
MONDAY
lun | lun

Presidents' Day (US)
Family Day (AB/ON/SK-CAN)
Louis Riel Day (MB-CAN)

18
TUESDAY
mar | mar

19
WEDNESDAY
mer | miér

20
THURSDAY
jeu | jue

21
FRIDAY
ven | vier

Last Quarter ◐ 17:15 U.T.

22
SATURDAY
sam | sáb

Washington's Birthday (US)

23
SUNDAY
dim | dom

....

24
MONDAY
lun | lun

Día de la Bandera (MX)
....

25
TUESDAY
mar | mar

....

26
WEDNESDAY
mer | miér

....

27
THURSDAY
jeu | jue

....

28
FRIDAY
ven | vier

MARCH 2014 MARS | MARZO

New Moon ● 8:00 U.T.

1
SATURDAY
sam | sáb

St. David's Day (WAL)
....

©2013 Mary Fish Arango

FEBRUARY 2014						
						1
2	3	4	5	6	7	8
9	10	11	12	13	14	15
16	17	18	19	20	21	22
23	24	25	26	27	28	

MARCH 2014						
						1
2	3	4	5	6	7	8
9	10	11	12	13	14	15
16	17	18	19	20	21	22
23	24	25	26	27	28	29
30	31					

APRIL 2014						
		1	2	3	4	5
6	7	8	9	10	11	12
13	14	15	16	17	18	19
20	21	22	23	24	25	26
27	28	29	30			

FEBRUARY 2014							MARCH 2014							APRIL 2014					
						1							1		1	2	3	4	5
2	3	4	5	6	7	8	2	3	4	5	6	7	8	6	7	8	9	10	11	12
9	10	11	12	13	14	15	9	10	11	12	13	14	15	13	14	15	16	17	18	19
16	17	18	19	20	21	22	16	17	18	19	20	21	22	20	21	22	23	24	25	26
23	24	25	26	27	28		23	24	25	26	27	28	29	27	28	29	30			
							30	31												

2
SUNDAY
dim | dom

3
MONDAY
lun | lun

Labour Day (WA-AU)
Great Lent begins (Orthodox)

4
TUESDAY
mar | mar

Shrove Tuesday
Mardi Gras

5
WEDNESDAY
mer | miér

Ash Wednesday

6
THURSDAY
jeu | jue

7
FRIDAY
ven | vier

First Quarter ◑ 13:27 U.T.

8
SATURDAY
sam | sáb

International Women's Day

MARCH 2014 MARS | MARZO

9
SUNDAY
dim | dom

Daylight Saving Time begins (US; CAN)

....

10
MONDAY
lun | lun

Canberra Day (ACT-AU)
Labour Day (VIC-AU)
Eight Hours Day (TAS-AU)
Adelaide Cup (SA-AU)
Commonwealth Day

....

11
TUESDAY
mar | mar

....

12
WEDNESDAY
mer | miér

....

13
THURSDAY
jeu | jue

....

14
FRIDAY
ven | vier

....

15
SATURDAY
sam | sáb

Purim begins at sundown
....

FEBRUARY 2014

						1
2	3	4	5	6	7	8
9	10	11	12	13	14	15
16	17	18	19	20	21	22
23	24	25	26	27	28	

MARCH 2014

						1
2	3	4	5	6	7	8
9	10	11	12	13	14	15
16	17	18	19	20	21	22
23	24	25	26	27	28	29
30	31					

APRIL 2014

		1	2	3	4	5
6	7	8	9	10	11	12
13	14	15	16	17	18	19
20	21	22	23	24	25	26
27	28	29	30			

FEBRUARY 2014							MARCH 2014							APRIL 2014					
						1							1		1	2	3	4	5
2	3	4	5	6	7	8	2	3	4	5	6	7	8	6	7	8	9	10	11	12
9	10	11	12	13	14	15	9	10	11	12	13	14	15	13	14	15	16	17	18	19
16	17	18	19	20	21	22	16	17	18	19	20	21	22	20	21	22	23	24	25	26
23	24	25	26	27	28		23	24	25	26	27	28	29	27	28	29	30			
							30	31												

Full Moon ◯ 17:08 U.T.

16
SUNDAY
dim | dom

17
MONDAY
lun | lun

St. Patrick's Day

18
TUESDAY
mar | mar

19
WEDNESDAY
mer | miér

Spring begins

20
THURSDAY
jeu | jue

21
FRIDAY
ven | vier

Natalicio de Benito Juárez (MX)

22
SATURDAY
sam | sáb

MARCH 2014   MARS | MARZO

23
SUNDAY
dim | dom

Last Quarter ◖ 1:46 U.T.

24
MONDAY
lun | lun

25
TUESDAY
mar | mar

26
WEDNESDAY
mer | miér

27
THURSDAY
jeu | jue

28
FRIDAY
ven | vier

29
SATURDAY
sam | sáb

FEBRUARY 2014						
						1
2	3	4	5	6	7	8
9	10	11	12	13	14	15
16	17	18	19	20	21	22
23	24	25	26	27	28	

MARCH 2014						
						1
2	3	4	5	6	7	8
9	10	11	12	13	14	15
16	17	18	19	20	21	22
23	24	25	26	27	28	29
30	31					

APRIL 2014						
		1	2	3	4	5
6	7	8	9	10	11	12
13	14	15	16	17	18	19
20	21	22	23	24	25	26
27	28	29	30			

MARCH 2014

						1
2	3	4	5	6	7	8
9	10	11	12	13	14	15
16	17	18	19	20	21	22
23	24	25	26	27	28	29
30	31					

APRIL 2014

		1	2	3	4	5
6	7	8	9	10	11	12
13	14	15	16	17	18	19
20	21	22	23	24	25	26
27	28	29	30			

MAY 2014

				1	2	3
4	5	6	7	8	9	10
11	12	13	14	15	16	17
18	19	20	21	22	23	24
25	26	27	28	29	30	31

New Moon ● 18:45 U.T.

30
SUNDAY
dim | dom

Mothering Sunday (UK)
European Summer Time begins

....

31
MONDAY
lun | lun

1
TUESDAY
mar | mar

April Fools' Day

....

2
WEDNESDAY
mer | miér

....

3
THURSDAY
jeu | jue

....

4
FRIDAY
ven | vier

....

5
SATURDAY
sam | sáb

....

APRIL 2014 AVRIL | ABRIL

6
SUNDAY
dim | dom

Daylight Saving Time ends (AU; NZ)

First Quarter 🌓 8:31 U.T.

7
MONDAY
lun | lun

8
TUESDAY
mar | mar

9
WEDNESDAY
mer | miér

10
THURSDAY
jeu | jue

11
FRIDAY
ven | vier

12
SATURDAY
sam | sáb

WEEK 15

MARCH 2014						
						1
2	3	4	5	6	7	8
9	10	11	12	13	14	15
16	17	18	19	20	21	22
23	24	25	26	27	28	29
30	31					

APRIL 2014						
		1	2	3	4	5
6	7	8	9	10	11	12
13	14	15	16	17	18	19
20	21	22	23	24	25	26
27	28	29	30			

MAY 2014						
				1	2	3
4	5	6	7	8	9	10
11	12	13	14	15	16	17
18	19	20	21	22	23	24
25	26	27	28	29	30	31

MARCH 2014						
						1
2	3	4	5	6	7	8
9	10	11	12	13	14	15
16	17	18	19	20	21	22
23	24	25	26	27	28	29
30	31					

APRIL 2014						
		1	2	3	4	5
6	7	8	9	10	11	12
13	14	15	16	17	18	19
20	21	22	23	24	25	26
27	28	29	30			

MAY 2014						
				1	2	3
4	5	6	7	8	9	10
11	12	13	14	15	16	17
18	19	20	21	22	23	24
25	26	27	28	29	30	31

13
SUNDAY
dim | dom

Palm Sunday

14
MONDAY
lun | lun

Passover begins at sundown

Full Moon 7:42 U.T.

15
TUESDAY
mar | mar

16
WEDNESDAY
mer | miér

17
THURSDAY
jeu | jue

Maundy Thursday

18
FRIDAY
ven | vier

Good Friday
Bank Holiday (UK)

19
SATURDAY
sam | sáb

Holy Saturday

APRIL 2014 AVRIL | ABRIL

20
SUNDAY
dim | dom

Easter Sunday
Pascha (Orthodox)

21
MONDAY
lun | lun

Easter Monday
Bank Holiday (UK except SCT; IRL)
Birthday of Queen Elizabeth II

Last Quarter 🌓 7:52 U.T.

22
TUESDAY
mar | mar

Earth Day

23
WEDNESDAY
mer | miér

Administrative Professionals Day
St. George's Day (ENG)

24
THURSDAY
jeu | jue

25
FRIDAY
ven | vier

ANZAC Day (AU; NZ)
Arbor Day (US)

26
SATURDAY
sam | sáb

MARCH 2014						
						1
2	3	4	5	6	7	8
9	10	11	12	13	14	15
16	17	18	19	20	21	22
23	24	25	26	27	28	29
30	31					

APRIL 2014						
		1	2	3	4	5
6	7	8	9	10	11	12
13	14	15	16	17	18	19
20	21	22	23	24	25	26
27	28	29	30			

MAY 2014						
				1	2	3
4	5	6	7	8	9	10
11	12	13	14	15	16	17
18	19	20	21	22	23	24
25	26	27	28	29	30	31

APRIL 2014

		1	2	3	4	5
6	7	8	9	10	11	12
13	14	15	16	17	18	19
20	21	22	23	24	25	26
27	28	29	30			

MAY 2014

			1	2	3
4	5	6	7	8	9	10
11	12	13	14	15	16	17
18	19	20	21	22	23	24
25	26	27	28	29	30	31

JUNE 2014

1	2	3	4	5	6	7
8	9	10	11	12	13	14
15	16	17	18	19	20	21
22	23	24	25	26	27	28
29	30					

27
SUNDAY
dim | dom

Yom Hashoah begins at sundown

28
MONDAY
lun | lun

New Moon ● 6:14 U.T.

29
TUESDAY
mar | mar

30
WEDNESDAY
mer | miér

Día del Niño (MX)
Koninginnedag (NL)

MAI | MAYO **MAY 2014**

May Day
International Workers' Day
Labor Day (MX)
Dag van de Arbeid (BE; NL)
National Day of Prayer (US)

1
THURSDAY
jeu | jue

2
FRIDAY
ven | vier

3
SATURDAY
sam | sáb

MAY 2014 MAI | MAYO

4
SUNDAY
dim | dom

National Pet Week (US)
Dodenherdenking (NL)

5
MONDAY
lun | lun

Cinco de Mayo
Batalla de Puebla (MX)
May Day (NT-AU)
Bank Holiday (UK; IRL)

6
TUESDAY
mar | mar

First Quarter ● 3:15 U.T.

7
WEDNESDAY
mer | miér

8
THURSDAY
jeu | jue

Fête de la Victoire (FR)

9
FRIDAY
ven | vier

10
SATURDAY
sam | sáb

Día de las Madres (MX)

		APRIL 2014			
		1	2	3	4	5
6	7	8	9	10	11	12
13	14	15	16	17	18	19
20	21	22	23	24	25	26
27	28	29	30			

		MAY 2014			
			1	2	3
4	5	6	7	8	9	10
11	12	13	14	15	16	17
18	19	20	21	22	23	24
25	26	27	28	29	30	31

		JUNE 2014			
1	2	3	4	5	6	7
8	9	10	11	12	13	14
15	16	17	18	19	20	21
22	23	24	25	26	27	28
29	30					

APRIL 2014

		1	2	3	4	5
6	7	8	9	10	11	12
13	14	15	16	17	18	19
20	21	22	23	24	25	26
27	28	29	30			

MAY 2014

			1	2	3
4	5	6	7	8	9	10
11	12	13	14	15	16	17
18	19	20	21	22	23	24
25	26	27	28	29	30	31

JUNE 2014

1	2	3	4	5	6	7
8	9	10	11	12	13	14
15	16	17	18	19	20	21
22	23	24	25	26	27	28
29	30					

11
SUNDAY
dim | dom

Mother's Day (US; AU; BE; CAN; NL; NZ)

12
MONDAY
lun | lun

13
TUESDAY
mar | mar

Full Moon ◯ 19:16 U.T.

14
WEDNESDAY
mer | miér

15
THURSDAY
jeu | jue

Día del Maestro (MX)

16
FRIDAY
ven | vier

17
SATURDAY
sam | sáb

Armed Forces Day (US)

18
SUNDAY
dim | dom

19
MONDAY
lun | lun

Victoria Day (CAN)

Journée nationale des patriotes/
National Patriots' Day (QC-CAN)

20
TUESDAY
mar | mar

Last Quarter ◑ 12:59 U.T.

21
WEDNESDAY
mer | miér

22
THURSDAY
jeu | jue

23
FRIDAY
ven | vier

24
SATURDAY
sam | sáb

APRIL 2014							MAY 2014							JUNE 2014						
		1	2	3	4	5				1	2	3		1	2	3	4	5	6	7
6	7	8	9	10	11	12	4	5	6	7	8	9	10	8	9	10	11	12	13	14
13	14	15	16	17	18	19	11	12	13	14	15	16	17	15	16	17	18	19	20	21
20	21	22	23	24	25	26	18	19	20	21	22	23	24	22	23	24	25	26	27	28
27	28	29	30				25	26	27	28	29	30	31	29	30					

APRIL 2014	MAY 2014	JUNE 2014
1 2 3 4 5	1 2 3	1 2 3 4 5 6 7
6 7 8 9 10 11 12	4 5 6 7 8 9 10	8 9 10 11 12 13 14
13 14 15 16 17 18 19	11 12 13 14 15 16 17	15 16 17 18 19 20 21
20 21 22 23 24 25 26	18 19 20 21 22 23 24	22 23 24 25 26 27 28
27 28 29 30	25 26 27 28 29 30 31	29 30

25
SUNDAY
dim | dom

Fête des Mères (FR)

26
MONDAY
lun | lun

Memorial Day (US)
Spring Bank Holiday (UK)

27
TUESDAY
mar | mar

New Moon ● 18:40 U.T.

28
WEDNESDAY
mer | miér

29
THURSDAY
jeu | jue

Ascension

30
FRIDAY
ven | vier

31
SATURDAY
sam | sáb

1
SUNDAY
dim | dom

....

2
MONDAY
lun | lun

Western Australia Day (WA-AU)
Public Holiday (IRL)
Queen's Birthday (NZ)

....

3
TUESDAY
mar | mar

....

4
WEDNESDAY
mer | miér

First Quarter ◑ 20:39 U.T.

5
THURSDAY
jeu | jue

....

6
FRIDAY
ven | vier

....

7
SATURDAY
sam | sáb

....

MAY 2014						
			1	2	3
4	5	6	7	8	9	10
11	12	13	14	15	16	17
18	19	20	21	22	23	24
25	26	27	28	29	30	31

JUNE 2014						
1	2	3	4	5	6	7
8	9	10	11	12	13	14
15	16	17	18	19	20	21
22	23	24	25	26	27	28
29	30					

JULY 2014						
		1	2	3	4	5
6	7	8	9	10	11	12
13	14	15	16	17	18	19
20	21	22	23	24	25	26
27	28	29	30	31		

MAY 2014						
				1	2	3
4	5	6	7	8	9	10
11	12	13	14	15	16	17
18	19	20	21	22	23	24
25	26	27	28	29	30	31

JUNE 2014						
1	2	3	4	5	6	7
8	9	10	11	12	13	14
15	16	17	18	19	20	21
22	23	24	25	26	27	28
29	30					

JULY 2014						
		1	2	3	4	5
6	7	8	9	10	11	12
13	14	15	16	17	18	19
20	21	22	23	24	25	26
27	28	29	30	31		

8
SUNDAY
dim | dom

Pentecost (Whitsun)

Vaderdag/Fête des Pères (BE)

9
MONDAY
lun | lun

Pentecost Monday

Queen's Birthday (AU except WA)

10
TUESDAY
mar | mar

11
WEDNESDAY
mer | miér

12
THURSDAY
jeu | jue

Full Moon 4:11 U.T.

13
FRIDAY
ven | vier

14
SATURDAY
sam | sáb

Flag Day (US)

Queen's Official Birthday (tentative) (UK)

JUNE 2014 JUIN | JUNIO

15
SUNDAY
dim | dom

Father's Day (US; CAN; MX; NL; UK)

16
MONDAY
lun | lun

17
TUESDAY
mar | mar

18
WEDNESDAY
mer | miér

Last Quarter ◑ 18:39 U.T.

19
THURSDAY
jeu | jue

20
FRIDAY
ven | vier

Summer begins

21
SATURDAY
sam | sáb

National Aboriginal Day/Journée
nationale des Autochtones (CAN)

©2013 Mark Raycroft

MAY 2014

					1	2	3
4	5	6	7	8	9	10
11	12	13	14	15	16	17
18	19	20	21	22	23	24
25	26	27	28	29	30	31

JUNE 2014

1	2	3	4	5	6	7
8	9	10	11	12	13	14
15	16	17	18	19	20	21
22	23	24	25	26	27	28
29	30

JULY 2014

		1	2	3	4	5
6	7	8	9	10	11	12
13	14	15	16	17	18	19
20	21	22	23	24	25	26
27	28	29	30	31

MAY 2014						
				1	2	3
4	5	6	7	8	9	10
11	12	13	14	15	16	17
18	19	20	21	22	23	24
25	26	27	28	29	30	31

JUNE 2014						
1	2	3	4	5	6	7
8	9	10	11	12	13	14
15	16	17	18	19	20	21
22	23	24	25	26	27	28
29	30					

JULY 2014						
		1	2	3	4	5
6	7	8	9	10	11	12
13	14	15	16	17	18	19
20	21	22	23	24	25	26
27	28	29	30	31		

22
SUNDAY
dim | dom

23
MONDAY
lun | lun

Discovery Day (NL-CAN)

24
TUESDAY
mar | mar

Fête nationale du Québec/
Quebec National Day/
Saint-Jean-Baptiste Day (QC-CAN)

25
WEDNESDAY
mer | miér

26
THURSDAY
jeu | jue

New Moon ● 8:08 U.T.

27
FRIDAY
ven | vier

Ramadan begins at sundown

28
SATURDAY
sam | sáb

JUNE 2014 JUIN | JUNIO

29
SUNDAY
dim | dom

30
MONDAY
lun | lun

JULY 2014 JUILLET | JULIO

1
TUESDAY
mar | mar

Canada Day/Fête du Canada (CAN)

2
WEDNESDAY
mer | miér

3
THURSDAY
jeu | jue

4
FRIDAY
ven | vier

Independence Day (US)

First Quarter ◑ 11:59 U.T.

5
SATURDAY
sam | sáb

JUNE 2014

1	2	3	4	5	6	7
8	9	10	11	12	13	14
15	16	17	18	19	20	21
22	23	24	25	26	27	28
29	30					

JULY 2014

		1	2	3	4	5
6	7	8	9	10	11	12
13	14	15	16	17	18	19
20	21	22	23	24	25	26
27	28	29	30	31		

AUGUST 2014

					1	2
3	4	5	6	7	8	9
10	11	12	13	14	15	16
17	18	19	20	21	22	23
24	25	26	27	28	29	30
31						

JUNE 2014

1	2	3	4	5	6	7
8	9	10	11	12	13	14
15	16	17	18	19	20	21
22	23	24	25	26	27	28
29	30					

JULY 2014

		1	2	3	4	5
6	7	8	9	10	11	12
13	14	15	16	17	18	19
20	21	22	23	24	25	26
27	28	29	30	31		

AUGUST 2014

					1	2
3	4	5	6	7	8	9
10	11	12	13	14	15	16
17	18	19	20	21	22	23
24	25	26	27	28	29	30
31						

6
SUNDAY
dim | dom

7
MONDAY
lun | lun

8
TUESDAY
mar | mar

9
WEDNESDAY
mer | miér

Nunavut Day (NU-CAN)

10
THURSDAY
jeu | jue

11
FRIDAY
ven | vier

Feest van de Vlaamse Gemeenschap (BE)

Full Moon 11:25 U.T.

12
SATURDAY
sam | sáb

13
SUNDAY
dim | dom

14
MONDAY
lun | lun

Bank Holiday (NIR)
Fête nationale de la France (FR)

15
TUESDAY
mar | mar

16
WEDNESDAY
mer | miér

17
THURSDAY
jeu | jue

18
FRIDAY
ven | vier

Last Quarter 2:08 U.T.

19
SATURDAY
sam | sáb

JUNE 2014						
1	2	3	4	5	6	7
8	9	10	11	12	13	14
15	16	17	18	19	20	21
22	23	24	25	26	27	28
29	30					

JULY 2014						
		1	2	3	4	5
6	7	8	9	10	11	12
13	14	15	16	17	18	19
20	21	22	23	24	25	26
27	28	29	30	31		

AUGUST 2014						
					1	2
3	4	5	6	7	8	9
10	11	12	13	14	15	16
17	18	19	20	21	22	23
24	25	26	27	28	29	30
31						

JUNE 2014

1	2	3	4	5	6	7
8	9	10	11	12	13	14
15	16	17	18	19	20	21
22	23	24	25	26	27	28
29	30					

JULY 2014

		1	2	3	4	5
6	7	8	9	10	11	12
13	14	15	16	17	18	19
20	21	22	23	24	25	26
27	28	29	30	31		

AUGUST 2014

					1	2
3	4	5	6	7	8	9
10	11	12	13	14	15	16
17	18	19	20	21	22	23
24	25	26	27	28	29	30
31						

20
SUNDAY
dim | dom

21
MONDAY
lun | lun

Nationale feestdag/
Fête nationale de la Belgique (BE)

22
TUESDAY
mar | mar

23
WEDNESDAY
mer | miér

24
THURSDAY
jeu | jue

25
FRIDAY
ven | vier

New Moon ● 22:42 U.T.

26
SATURDAY
sam | sáb

JULY 2014 JUILLET | JULIO

27
SUNDAY
dim | dom

Eid al-Fitr begins at sundown

....

28
MONDAY
lun | lun

....

29
TUESDAY
mar | mar

....

30
WEDNESDAY
mer | miér

....

31
THURSDAY
jeu | jue

AUGUST 2014 AOÛT | AGOSTO

1
FRIDAY
ven | vier

....

2
SATURDAY
sam | sáb

....

WEEK 31

JULY 2014

		1	2	3	4	5
6	7	8	9	10	11	12
13	14	15	16	17	18	19
20	21	22	23	24	25	26
27	28	29	30	31		

AUGUST 2014

					1	2
3	4	5	6	7	8	9
10	11	12	13	14	15	16
17	18	19	20	21	22	23
24	25	26	27	28	29	30
31						

SEPTEMBER 2014

	1	2	3	4	5	6
7	8	9	10	11	12	13
14	15	16	17	18	19	20
21	22	23	24	25	26	27
28	29	30				

JULY 2014						
		1	2	3	4	5
6	7	8	9	10	11	12
13	14	15	16	17	18	19
20	21	22	23	24	25	26
27	28	29	30	31		

AUGUST 2014						
					1	2
3	4	5	6	7	8	9
10	11	12	13	14	15	16
17	18	19	20	21	22	23
24	25	26	27	28	29	30
31						

SEPTEMBER 2014						
	1	2	3	4	5	6
7	8	9	10	11	12	13
14	15	16	17	18	19	20
21	22	23	24	25	26	27
28	29	30				

3
SUNDAY
dim | dom

First Quarter ◑ 0:50 U.T.

Civic Holiday/Congé civique (CAN)
Bank Holiday (NSW-AU; IRL; SCT)
Picnic Day (NT-AU)

4
MONDAY
lun | lun

5
TUESDAY
mar | mar

6
WEDNESDAY
mer | miér

7
THURSDAY
jeu | jue

8
FRIDAY
ven | vier

9
SATURDAY
sam | sáb

AUGUST 2014 AOÛT | AGOSTO

Full Moon ⬭ 18:09 U.T.

10
SUNDAY
dim | dom

11
MONDAY
lun | lun

12
TUESDAY
mar | mar

13
WEDNESDAY
mer | miér

14
THURSDAY
jeu | jue

15
FRIDAY
ven | vier

Assumption

16
SATURDAY
sam | sáb

JULY 2014
1 2 3 4 5
6 7 8 9 10 11 12
13 14 15 16 17 18 19
20 21 22 23 24 25 26
27 28 29 30 31

AUGUST 2014
1 2
3 4 5 6 7 8 9
10 11 12 13 14 15 16
17 18 19 20 21 22 23
24 25 26 27 28 29 30
31

SEPTEMBER 2014
1 2 3 4 5 6
7 8 9 10 11 12 13
14 15 16 17 18 19 20
21 22 23 24 25 26 27
28 29 30

©2013 Sharon Eide & Elizabeth Flynn

JULY 2014

		1	2	3	4	5
6	7	8	9	10	11	12
13	14	15	16	17	18	19
20	21	22	23	24	25	26
27	28	29	30	31		

AUGUST 2014

					1	2
3	4	5	6	7	8	9
10	11	12	13	14	15	16
17	18	19	20	21	22	23
24	25	26	27	28	29	30
31						

SEPTEMBER 2014

	1	2	3	4	5	6
7	8	9	10	11	12	13
14	15	16	17	18	19	20
21	22	23	24	25	26	27
28	29	30				

Last Quarter ◑ 12:26 U.T.

17
SUNDAY
dim | dom

18
MONDAY
lun | lun

Discovery Day (YT-CAN)

19
TUESDAY
mar | mar

20
WEDNESDAY
mer | miér

21
THURSDAY
jeu | jue

22
FRIDAY
ven | vier

23
SATURDAY
sam | sáb

AUGUST 2014 AOÛT | AGOSTO

24
SUNDAY
dim | dom

....

New Moon ● 14:13 U.T.

25
MONDAY
lun | lun

Summer Bank Holiday (UK except SCT)
....

26
TUESDAY
mar | mar

....

27
WEDNESDAY
mer | miér

....

28
THURSDAY
jeu | jue

....

29
FRIDAY
ven | vier

....

30
SATURDAY
sam | sáb

....

WEEK 35

©2013 Sharon Eide & Elizabeth Flynn

JULY 2014						
		1	2	3	4	5
6	7	8	9	10	11	12
13	14	15	16	17	18	19
20	21	22	23	24	25	26
27	28	29	30	31		

AUGUST 2014						
					1	2
3	4	5	6	7	8	9
10	11	12	13	14	15	16
17	18	19	20	21	22	23
24	25	26	27	28	29	30
31						

SEPTEMBER 2014						
	1	2	3	4	5	6
7	8	9	10	11	12	13
14	15	16	17	18	19	20
21	22	23	24	25	26	27
28	29	30				

AUGUST 2014						
					1	2
3	4	5	6	7	8	9
10	11	12	13	14	15	16
17	18	19	20	21	22	23
24	25	26	27	28	29	30
31						

SEPTEMBER 2014						
1	2	3	4	5	6	
7	8	9	10	11	12	13
14	15	16	17	18	19	20
21	22	23	24	25	26	27
28	29	30				

OCTOBER 2014						
			1	2	3	4
5	6	7	8	9	10	11
12	13	14	15	16	17	18
19	20	21	22	23	24	25
26	27	28	29	30	31	

31
SUNDAY
dim | dom

SEPTEMBRE | SEPTIEMBRE **SEPTEMBER 2014**

1
MONDAY
lun | lun

Labor Day (US)

Labour Day/Fête du travail (CAN)

First Quarter ◖ 11:11 U.T.

2
TUESDAY
mar | mar

3
WEDNESDAY
mer | miér

4
THURSDAY
jeu | jue

5
FRIDAY
ven | vier

6
SATURDAY
sam | sáb

SEPTEMBER 2014   SEPTEMBRE | SEPTIEMBRE

7
SUNDAY
dim | dom

Father's Day (AU; NZ)
National Grandparents Day (US)

....

8
MONDAY
lun | lun

....

Full Moon ◯ 1:38 U.T.

9
TUESDAY
mar | mar

....

10
WEDNESDAY
mer | miér

....

11
THURSDAY
jeu | jue

Patriot Day/National Day of
Service and Remembrance (US)
....

12
FRIDAY
ven | vier

....

13
SATURDAY
sam | sáb

....

AUGUST 2014							SEPTEMBER 2014							OCTOBER 2014					
					1	2	1	2	3	4	5	6				1	2	3	4
3	4	5	6	7	8	9	7	8	9	10	11	12	13	5	6	7	8	9	10	11
10	11	12	13	14	15	16	14	15	16	17	18	19	20	12	13	14	15	16	17	18
17	18	19	20	21	22	23	21	22	23	24	25	26	27	19	20	21	22	23	24	25
24	25	26	27	28	29	30	28	29	30					26	27	28	29	30	31	
31																				

AUGUST 2014

					1	2
3	4	5	6	7	8	9
10	11	12	13	14	15	16
17	18	19	20	21	22	23
24	25	26	27	28	29	30
31						

SEPTEMBER 2014

	1	2	3	4	5	6
7	8	9	10	11	12	13
14	15	16	17	18	19	20
21	22	23	24	25	26	27
28	29	30				

OCTOBER 2014

			1	2	3	4
5	6	7	8	9	10	11
12	13	14	15	16	17	18
19	20	21	22	23	24	25
26	27	28	29	30	31	

14
SUNDAY
dim | dom

- -

15
MONDAY
lun | lun

Noche del Grito (MX)
- -

Last Quarter ◗ 2:05 U.T.

16
TUESDAY
mar | mar

Día de la Independencia (MX)
- -

17
WEDNESDAY
mer | miér

- -

18
THURSDAY
jeu | jue

- -

19
FRIDAY
ven | vier

- -

20
SATURDAY
sam | sáb

- -

SEPTEMBER 2014 SEPTEMBRE | SEPTIEMBRE

21
SUNDAY
dim | dom

UN International Day of Peace

22
MONDAY
lun | lun

Autumn begins

23
TUESDAY
mar | mar

New Moon ● 6:14 U.T.

24
WEDNESDAY
mer | miér

Rosh Hashanah begins at sundown

25
THURSDAY
jeu | jue

26
FRIDAY
ven | vier

27
SATURDAY
sam | sáb

Fête de la Communauté française (BE)

AUGUST 2014						
					1	2
3	4	5	6	7	8	9
10	11	12	13	14	15	16
17	18	19	20	21	22	23
24	25	26	27	28	29	30
31						

SEPTEMBER 2014						
	1	2	3	4	5	6
7	8	9	10	11	12	13
14	15	16	17	18	19	20
21	22	23	24	25	26	27
28	29	30				

OCTOBER 2014						
			1	2	3	4
5	6	7	8	9	10	11
12	13	14	15	16	17	18
19	20	21	22	23	24	25
26	27	28	29	30	31	

SEPTEMBER 2014

	1	2	3	4	5	6
7	8	9	10	11	12	13
14	15	16	17	18	19	20
21	22	23	24	25	26	27
28	29	30				

OCTOBER 2014

			1	2	3	4
5	6	7	8	9	10	11
12	13	14	15	16	17	18
19	20	21	22	23	24	25
26	27	28	29	30	31	

NOVEMBER 2014

						1
2	3	4	5	6	7	8
9	10	11	12	13	14	15
16	17	18	19	20	21	22
23	24	25	26	27	28	29
30						

SEPTEMBRE | SEPTIEMBRE **SEPTEMBER 2014**

28
SUNDAY
dim | dom

Daylight Saving Time begins (NZ)

29
MONDAY
lun | lun

Queen's Birthday (WA-AU)
Family & Community Day (ACT-AU)

30
TUESDAY
mar | mar

OCTOBRE | OCTUBRE **OCTOBER 2014**

First Quarter 19:32 U.T.

1
WEDNESDAY
mer | miér

2
THURSDAY
jeu | jue

3
FRIDAY
ven | vier

Yom Kippur begins at sundown
Eid al-Adha begins at sundown

4
SATURDAY
sam | sáb

World Animal Day

OCTOBER 2014

5
SUNDAY
dim | dom

Daylight Saving Time begins
(AU except WA/QLD/NT)

....

6
MONDAY
lun | lun

Labour Day (ACT/NSW/QLD/SA-AU)

....

7
TUESDAY
mar | mar

....

Full Moon ◯ 10:51 U.T.

8
WEDNESDAY
mer | miér

....

9
THURSDAY
jeu | jue

....

10
FRIDAY
ven | vier

....

11
SATURDAY
sam | sáb

....

WEEK 41

SEPTEMBER 2014						
	1	2	3	4	5	6
7	8	9	10	11	12	13
14	15	16	17	18	19	20
21	22	23	24	25	26	27
28	29	30				

OCTOBER 2014						
			1	2	3	4
5	6	7	8	9	10	11
12	13	14	15	16	17	18
19	20	21	22	23	24	25
26	27	28	29	30	31	

NOVEMBER 2014						
						1
2	3	4	5	6	7	8
9	10	11	12	13	14	15
16	17	18	19	20	21	22
23	24	25	26	27	28	29
30						

SEPTEMBER 2014						
	1	2	3	4	5	6
7	8	9	10	11	12	13
14	15	16	17	18	19	20
21	22	23	24	25	26	27
28	29	30				

OCTOBER 2014						
		1	2	3	4	
5	6	7	8	9	10	11
12	13	14	15	16	17	18
19	20	21	22	23	24	25
26	27	28	29	30	31	

NOVEMBER 2014						
						1
2	3	4	5	6	7	8
9	10	11	12	13	14	15
16	17	18	19	20	21	22
23	24	25	26	27	28	29
30						

12
SUNDAY
dim | dom

Día de la Raza (MX)

13
MONDAY
lun | lun

Columbus Day (US)

Thanksgiving Day/Action de grâce (CAN)

14
TUESDAY
mar | mar

Last Quarter ◗ 19:12 U.T.

15
WEDNESDAY
mer | miér

16
THURSDAY
jeu | jue

Boss's Day

17
FRIDAY
ven | vier

18
SATURDAY
sam | sáb

OCTOBER 2014 OCTOBRE | OCTUBRE

19
SUNDAY
dim | dom

20
MONDAY
lun | lun

21
TUESDAY
mar | mar

22
WEDNESDAY
mer | miér

New Moon ● 21:57 U.T.

23
THURSDAY
jeu | jue

24
FRIDAY
ven | vier

United Nations Day
Muharram begins at sundown

25
SATURDAY
sam | sáb

WEEK 43

©2013 Cheryl A. Ertelt

SEPTEMBER 2014							OCTOBER 2014							NOVEMBER 2014						
	1	2	3	4	5	6			1	2	3	4								1
7	8	9	10	11	12	13	5	6	7	8	9	10	11	2	3	4	5	6	7	8
14	15	16	17	18	19	20	12	13	14	15	16	17	18	9	10	11	12	13	14	15
21	22	23	24	25	26	27	19	20	21	22	23	24	25	16	17	18	19	20	21	22
28	29	30					26	27	28	29	30	31		23	24	25	26	27	28	29
														30						

©2013 Larry & Marge Grant

OCTOBER 2014

S	M	T	W	T	F	S
			1	2	3	4
5	6	7	8	9	10	11
12	13	14	15	16	17	18
19	20	21	22	23	24	25
26	27	28	29	30	31	

NOVEMBER 2014

S	M	T	W	T	F	S
						1
2	3	4	5	6	7	8
9	10	11	12	13	14	15
16	17	18	19	20	21	22
23	24	25	26	27	28	29
30						

DECEMBER 2014

S	M	T	W	T	F	S
	1	2	3	4	5	6
7	8	9	10	11	12	13
14	15	16	17	18	19	20
21	22	23	24	25	26	27
28	29	30	31			

26
SUNDAY
dim | dom

European Summer Time ends

27
MONDAY
lun | lun

Labour Day (NZ)
Public Holiday (IRL)

28
TUESDAY
mar | mar

29
WEDNESDAY
mer | miér

30
THURSDAY
jeu | jue

First Quarter ◖ 2:48 U.T.

31
FRIDAY
ven | vier

Halloween

NOVEMBRE | NOVIEMBRE **NOVEMBER 2014**

1
SATURDAY
sam | sáb

All Saints' Day

2
SUNDAY
dim | dom

All Souls' Day
Día de los Muertos (MX)
Ashura begins at sundown
Daylight Saving Time ends (US; CAN)

3
MONDAY
lun | lun

Recreation Day (TAS-AU)

4
TUESDAY
mar | mar

Election Day (US)
Melbourne Cup (VIC-AU)

5
WEDNESDAY
mer | miér

Guy Fawkes Day/Bonfire Night (UK)

Full Moon ◯ 22:23 U.T.

6
THURSDAY
jeu | jue

7
FRIDAY
ven | vier

8
SATURDAY
sam | sáb

OCTOBER 2014						
			1	2	3	4
5	6	7	8	9	10	11
12	13	14	15	16	17	18
19	20	21	22	23	24	25
26	27	28	29	30	31	

NOVEMBER 2014						
						1
2	3	4	5	6	7	8
9	10	11	12	13	14	15
16	17	18	19	20	21	22
23	24	25	26	27	28	29
30						

DECEMBER 2014						
	1	2	3	4	5	6
7	8	9	10	11	12	13
14	15	16	17	18	19	20
21	22	23	24	25	26	27
28	29	30	31			

©2013 Linn Currie

OCTOBER 2014	NOVEMBER 2014	DECEMBER 2014
1 2 3 4	1	1 2 3 4 5 6
5 6 7 8 9 10 11	2 3 4 5 6 7 8	7 8 9 10 11 12 13
12 13 14 15 16 17 18	9 10 11 12 13 14 15	14 15 16 17 18 19 20
19 20 21 22 23 24 25	16 17 18 19 20 21 22	21 22 23 24 25 26 27
26 27 28 29 30 31	23 24 25 26 27 28 29	28 29 30 31
	30	

9
SUNDAY
dim | dom

Remembrance Sunday (UK)

10
MONDAY
lun | lun

Veterans' Day (US)

Remembrance Day (AU; CAN)/
Jour du Souvenir (CAN)

Armistice (BE; FR)

11
TUESDAY
mar | mar

12
WEDNESDAY
mer | miér

13
THURSDAY
jeu | jue

Last Quarter ◑ 15:15 U.T.

14
FRIDAY
ven | vier

15
SATURDAY
sam | sáb

Koningsdag/Fête du Roi (BE)

16
SUNDAY
dim | dom

....

17
MONDAY
lun | lun

....

18
TUESDAY
mar | mar

....

19
WEDNESDAY
mer | miér

....

20
THURSDAY
jeu | jue

Día de la Revolución Mexicana (MX)
....

21
FRIDAY
ven | vier

New Moon ● 12:32 U.T.
....

22
SATURDAY
sam | sáb

....

OCTOBER 2014						
		1	2	3	4	
5	6	7	8	9	10	11
12	13	14	15	16	17	18
19	20	21	22	23	24	25
26	27	28	29	30	31	

NOVEMBER 2014						
						1
2	3	4	5	6	7	8
9	10	11	12	13	14	15
16	17	18	19	20	21	22
23	24	25	26	27	28	29
30						

DECEMBER 2014						
	1	2	3	4	5	6
7	8	9	10	11	12	13
14	15	16	17	18	19	20
21	22	23	24	25	26	27
28	29	30	31			

©2013 Larry & Marge Grant

OCTOBER 2014

				1	2	3	4
5	6	7	8	9	10	11
12	13	14	15	16	17	18
19	20	21	22	23	24	25
26	27	28	29	30	31	

NOVEMBER 2014

						1
2	3	4	5	6	7	8
9	10	11	12	13	14	15
16	17	18	19	20	21	22
23	24	25	26	27	28	29
30						

DECEMBER 2014

	1	2	3	4	5	6
7	8	9	10	11	12	13
14	15	16	17	18	19	20
21	22	23	24	25	26	27
28	29	30	31			

23
SUNDAY
dim | dom

24
MONDAY
lun | lun

25
TUESDAY
mar | mar

26
WEDNESDAY
mer | miér

27
THURSDAY
jeu | jue

Thanksgiving Day (US)

28
FRIDAY
ven | vier

First Quarter ◐ 10:06 U.T.

29
SATURDAY
sam | sáb

NOVEMBER 2014 NOVEMBRE | NOVIEMBRE

30
SUNDAY
dim | dom

Advent
St. Andrew's Day (SCT)

DECEMBER 2014 DÉCEMBRE | DICIEMBRE

1
MONDAY
lun | lun

....

2
TUESDAY
mar | mar

....

3
WEDNESDAY
mer | miér

....

4
THURSDAY
jeu | jue

....

5
FRIDAY
ven | vier

Sinterklaas (NL)
....
Full Moon ◯ 12:27 U.T.

6
SATURDAY
sam | sáb

Sinterklaas/Saint-Nicolas (BE)
....

WEEK 49

©2013 Sharon Eide & Elizabeth Flynn

NOVEMBER 2014						
						1
2	3	4	5	6	7	8
9	10	11	12	13	14	15
16	17	18	19	20	21	22
23	24	25	26	27	28	29
30						

DECEMBER 2014						
	1	2	3	4	5	6
7	8	9	10	11	12	13
14	15	16	17	18	19	20
21	22	23	24	25	26	27
28	29	30	31			

JANUARY 2015						
					1	2	3
4	5	6	7	8	9	10
11	12	13	14	15	16	17
18	19	20	21	22	23	24
25	26	27	28	29	30	31

NOVEMBER 2014						
						1
2	3	4	5	6	7	8
9	10	11	12	13	14	15
16	17	18	19	20	21	22
23	24	25	26	27	28	29
30						

DECEMBER 2014						
	1	2	3	4	5	6
7	8	9	10	11	12	13
14	15	16	17	18	19	20
21	22	23	24	25	26	27
28	29	30	31			

JANUARY 2015						
				1	2	3
4	5	6	7	8	9	10
11	12	13	14	15	16	17
18	19	20	21	22	23	24
25	26	27	28	29	30	31

7
SUNDAY
dim | dom

Pearl Harbor Remembrance Day (US)

8
MONDAY
lun | lun

9
TUESDAY
mar | mar

10
WEDNESDAY
mer | miér

11
THURSDAY
jeu | jue

12
FRIDAY
ven | vier

Día de la Virgen de Guadalupe (MX)

13
SATURDAY
sam | sáb

DECEMBER 2014 DÉCEMBRE | DICIEMBRE

Last Quarter ◗ 12:51 U.T.

14
SUNDAY
dim | dom

15
MONDAY
lun | lun

16
TUESDAY
mar | mar

Hanukkah begins at sundown
Las Posadas begin (MX)

17
WEDNESDAY
mer | miér

18
THURSDAY
jeu | jue

19
FRIDAY
ven | vier

20
SATURDAY
sam | sáb

NOVEMBER 2014						
						1
2	3	4	5	6	7	8
9	10	11	12	13	14	15
16	17	18	19	20	21	22
23	24	25	26	27	28	29
30						

DECEMBER 2014						
	1	2	3	4	5	6
7	8	9	10	11	12	13
14	15	16	17	18	19	20
21	22	23	24	25	26	27
28	29	30	31			

JANUARY 2015						
				1	2	3
4	5	6	7	8	9	10
11	12	13	14	15	16	17
18	19	20	21	22	23	24
25	26	27	28	29	30	31

©2013 Linn Currie

NOVEMBER 2014

						1
2	3	4	5	6	7	8
9	10	11	12	13	14	15
16	17	18	19	20	21	22
23	24	25	26	27	28	29
30						

DECEMBER 2014

	1	2	3	4	5	6
7	8	9	10	11	12	13
14	15	16	17	18	19	20
21	22	23	24	25	26	27
28	29	30	31			

JANUARY 2015

				1	2	3
4	5	6	7	8	9	10
11	12	13	14	15	16	17
18	19	20	21	22	23	24
25	26	27	28	29	30	31

Winter begins

21
SUNDAY
dim | dom

New Moon ● 1:36 U.T.

22
MONDAY
lun | lun

23
TUESDAY
mar | mar

24
WEDNESDAY
mer | miér

Christmas Eve

25
THURSDAY
jeu | jue

Christmas Day

Kwanzaa begins
St. Stephen's Day
Boxing Day (AU; CAN; NZ; UK) /
Le lendemain de Noël (CAN)
Proclamation Day (SA–AU)

26
FRIDAY
ven | vier

27
SATURDAY
sam | sáb

DECEMBER 2014 DÉCEMBRE | DICIEMBRE

First Quarter ◖ 18:31 U.T.

28
SUNDAY
dim | dom

29
MONDAY
lun | lun

30
TUESDAY
mar | mar

31
WEDNESDAY
mer | miér

New Year's Eve

JANUARY 2015 JANVIER | ENERO

1
THURSDAY
jeu | jue

New Year's Day

2
FRIDAY
ven | vier

Day after New Year's Day (NZ; SCT)

3
SATURDAY
sam | sáb

WEEK 53

©2013 Sharon Eide & Elizabeth Flynn

NOVEMBER 2014						
						1
2	3	4	5	6	7	8
9	10	11	12	13	14	15
16	17	18	19	20	21	22
23	24	25	26	27	28	29
30						

DECEMBER 2014						
	1	2	3	4	5	6
7	8	9	10	11	12	13
14	15	16	17	18	19	20
21	22	23	24	25	26	27
28	29	30	31			

JANUARY 2015						
				1	2	3
4	5	6	7	8	9	10
11	12	13	14	15	16	17
18	19	20	21	22	23	24
25	26	27	28	29	30	31

JANUARY 2015	FEBRUARY 2015	MARCH 2015	APRIL 2015
1 THU	**1 SUN**	**1 SUN**	1 WED
2 FRI	2 MON	2 MON	2 THU
3 SAT	3 TUE	3 TUE	3 FRI
4 SUN	4 WED	4 WED	**4 SAT**
5 MON	5 THU	5 THU	**5 SUN**
6 TUE	6 FRI	6 FRI	6 MON
7 WED	**7 SAT**	**7 SAT**	7 TUE
8 THU	**8 SUN**	**8 SUN**	8 WED
9 FRI	9 MON	9 MON	9 THU
10 SAT	10 TUE	10 TUE	10 FRI
11 SUN	11 WED	11 WED	**11 SAT**
12 MON	12 THU	12 THU	**12 SUN**
13 TUE	13 FRI	13 FRI	13 MON
14 WED	**14 SAT**	**14 SAT**	14 TUE
15 THU	**15 SUN**	**15 SUN**	15 WED
16 FRI	16 MON	16 MON	16 THU
17 SAT	17 TUE	17 TUE	17 FRI
18 SUN	18 WED	18 WED	**18 SAT**
19 MON	19 THU	19 THU	**19 SUN**
20 TUE	20 FRI	20 FRI	20 MON
21 WED	**21 SAT**	**21 SAT**	21 TUE
22 THU	**22 SUN**	**22 SUN**	22 WED
23 FRI	23 MON	23 MON	23 THU
24 SAT	24 TUE	24 TUE	24 FRI
25 SUN	25 WED	25 WED	**25 SAT**
26 MON	26 THU	26 THU	**26 SUN**
27 TUE	27 FRI	27 FRI	27 MON
28 WED	**28 SAT**	**28 SAT**	28 TUE
29 THU		**29 SUN**	29 WED
30 FRI		30 MON	30 THU
31 SAT		31 TUE	

MAY 2015		JUNE 2015		JULY 2015		AUGUST 2015	
1	FRI	1	MON	1	WED	**1**	**SAT**
2	**SAT**	2	TUE	2	THU	**2**	**SUN**
3	**SUN**	3	WED	3	FRI	3	MON
4	MON	4	THU	**4**	**SAT**	4	TUE
5	TUE	5	FRI	**5**	**SUN**	5	WED
6	WED	**6**	**SAT**	6	MON	6	THU
7	THU	**7**	**SUN**	7	TUE	7	FRI
8	FRI	8	MON	8	WED	**8**	**SAT**
9	**SAT**	9	TUE	9	THU	**9**	**SUN**
10	**SUN**	10	WED	10	FRI	10	MON
11	MON	11	THU	**11**	**SAT**	11	TUE
12	TUE	12	FRI	**12**	**SUN**	12	WED
13	WED	**13**	**SAT**	13	MON	13	THU
14	THU	**14**	**SUN**	14	TUE	14	FRI
15	FRI	15	MON	15	WED	**15**	**SAT**
16	**SAT**	16	TUE	16	THU	**16**	**SUN**
17	**SUN**	17	WED	17	FRI	17	MON
18	MON	18	THU	**18**	**SAT**	18	TUE
19	TUE	19	FRI	**19**	**SUN**	19	WED
20	WED	**20**	**SAT**	20	MON	20	THU
21	THU	**21**	**SUN**	21	TUE	21	FRI
22	FRI	22	MON	22	WED	**22**	**SAT**
23	**SAT**	23	TUE	23	THU	**23**	**SUN**
24	**SUN**	24	WED	24	FRI	24	MON
25	MON	25	THU	**25**	**SAT**	25	TUE
26	TUE	26	FRI	**26**	**SUN**	26	WED
27	WED	**27**	**SAT**	27	MON	27	THU
28	THU	**28**	**SUN**	28	TUE	28	FRI
29	FRI	29	MON	29	WED	**29**	**SAT**
30	**SAT**	30	TUE	30	THU	**30**	**SUN**
31	**SUN**			31	FRI	31	MON

SEPTEMBER 2015		OCTOBER 2015		NOVEMBER 2015		DECEMBER 2015	
1	TUE	1	THU	**1**	**SUN**	1	TUE
2	WED	2	FRI	2	MON	2	WED
3	THU	**3**	**SAT**	3	TUE	3	THU
4	FRI	**4**	**SUN**	4	WED	4	FRI
5	**SAT**	5	MON	5	THU	**5**	**SAT**
6	**SUN**	6	TUE	6	FRI	**6**	**SUN**
7	MON	7	WED	**7**	**SAT**	7	MON
8	TUE	8	THU	**8**	**SUN**	8	TUE
9	WED	9	FRI	9	MON	9	WED
10	THU	**10**	**SAT**	10	TUE	10	THU
11	FRI	**11**	**SUN**	11	WED	11	FRI
12	**SAT**	12	MON	12	THU	**12**	**SAT**
13	**SUN**	13	TUE	13	FRI	**13**	**SUN**
14	MON	14	WED	**14**	**SAT**	14	MON
15	TUE	15	THU	**15**	**SUN**	15	TUE
16	WED	16	FRI	16	MON	16	WED
17	THU	**17**	**SAT**	17	TUE	17	THU
18	FRI	**18**	**SUN**	18	WED	18	FRI
19	**SAT**	19	MON	19	THU	**19**	**SAT**
20	**SUN**	20	TUE	20	FRI	**20**	**SUN**
21	MON	21	WED	**21**	**SAT**	21	MON
22	TUE	22	THU	**22**	**SUN**	22	TUE
23	WED	23	FRI	23	MON	23	WED
24	THU	**24**	**SAT**	24	TUE	24	THU
25	FRI	**25**	**SUN**	25	WED	25	FRI
26	**SAT**	26	MON	26	THU	**26**	**SAT**
27	**SUN**	27	TUE	27	FRI	**27**	**SUN**
28	MON	28	WED	**28**	**SAT**	28	MON
29	TUE	29	THU	**29**	**SUN**	29	TUE
30	WED	30	FRI	30	MON	30	WED
		31	**SAT**			31	THU

NOTES

NOTES

NOTES

NOTES

NOTES

NOTES